AF559004

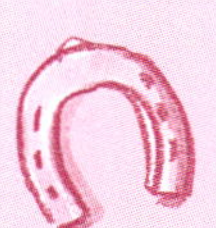

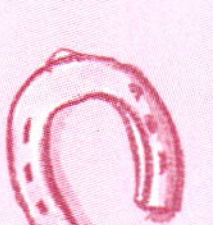

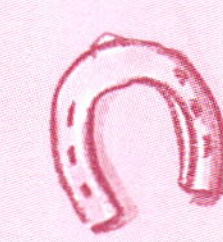

Aus Verantwortung für die Umwelt hat sich der Fischer Kinder- und Jugendbuch Verlag zu einer nachhaltigen Buchproduktion verpflichtet. Der bewusste Umgang mit unseren Ressourcen, der Schutz unseres Klimas und der Natur gehören zu unseren obersten Unternehmenszielen.

Gemeinsam mit unseren Partnern und Lieferanten setzen wir uns für eine klimaneutrale Buchproduktion ein, die den Erwerb von Klimazertifikaten zur Kompensation des CO_2-Ausstoßes einschließt.

Weitere Informationen finden Sie unter: www.klimaneutralerverlag.de

Weitere Informationen zum Kinder- und Jugendbuchprogramm der S. Fischer Verlage finden Sie unter: www.fischerverlage.de

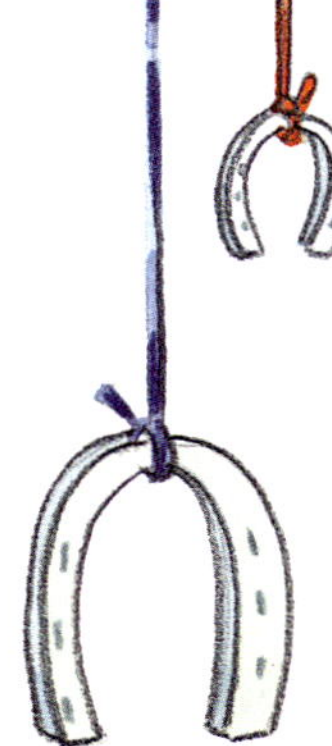

MIX
Papier aus verantwortungsvollen Quellen
FSC® C004592

Erschienen bei FISCHER Duden Kinderbuch

Fachberatung: Ulrike Holzwarth-Raether
Layout und Satz: Michelle Vollmer, Mainz
Umschlagkonzept: Frauke Schneider, Wittighausen
Umschlaglayout: Mischa Acker, Brühl

Druck und Bindung:
Firmengruppe APPL, aprinta druck GmbH, Wemding
Printed in Germany
ISBN 978-3-7373-3482-2

Lustige Abc-Geschichten
für Vorschule und Schulstart

Pferde und Prinzessinnen

Dagmar Binder

mit Bildern von Dorothea Tust

FISCHER Duden Kinderbuch

Inhalt

Abc-Geschichten
Pferde

WILMA
Pferde-Abc
LASSE
ULYSSES
COW BOY
VALENTINO
YAEL
TUTSI
Hello, I am Honey
ZWOCKEL
QUASIMODO
BRUNO
Geraldine
ELVIRA
Mäuse
SUSE-MIEL
PAULA
Othello
Jupiter Juhuuu!

Ausritt auf Aladin

A, a

Anna sattelt Aladin.
Aladin ist ein stolzer Araber-Hengst,
aber bei Anna ist er ganz zahm und lieb.
Aladin freut sich auf einen Ausritt mit Anna.
Sanft stupst er Anna am Arm.
„Ganz ruhig, Aladin, gleich geht es los“,
sagt Anna und steigt in den Sattel.
Dann trabt sie mit Aladin langsam vom Hof.
Sobald sie das freie Feld erreicht haben,
geht es im Galopp übers Land.

Alle Achtung!
Anna ist kein
Angsthase!

? Welche Wörter fangen mit einem A an:
Anna, Aladin, Galopp, Araber, Arm, Angsthase?

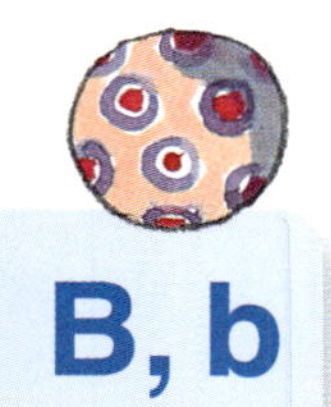

B, b In der Box

Das ist Bea
mit dem Brot!

Bruno, das kleine braune Pony mit der weißen Blesse auf der Stirn, braucht unbedingt Bewegung. In seiner Box stampft Bruno ungeduldig mit den Beinen. Wo bleibt bloß Bea? Da kommt sie endlich – mit einer Bürste und einem Beutel, voll mit altem Brot! Bruno bleckt die Zähne und begrüßt Bea freudig.

großer Fleck oder Streifen auf der Stirn

Fleck über der Oberlippe

Fleck auf der Stirn

breites Band von der Stirn bis zum Maul

um Maul und Nüstern herum

Schau dir die einzelnen Fellzeichnungen sehr genau an.
Erkennst du den Unterschied zwischen LATERNE und BLESSE?

C, c

Wie die Cowboys

Conny, Cleo und Cosima sind Cousinen.
Die drei haben die gleiche Leidenschaft: Reiten!
Zusammen sitzen sie nach der Reitstunde
ums Lagerfeuer und rösten Brot.
„Auf jeden Fall besser als Knäckebrot“, lacht Cleo.
Da verbrennt sich Cosima die Zunge.
„Huch, ist das heiß!“, kreischt sie.
„Echte Cowgirls kennen keinen Schmerz“, meint Conny.

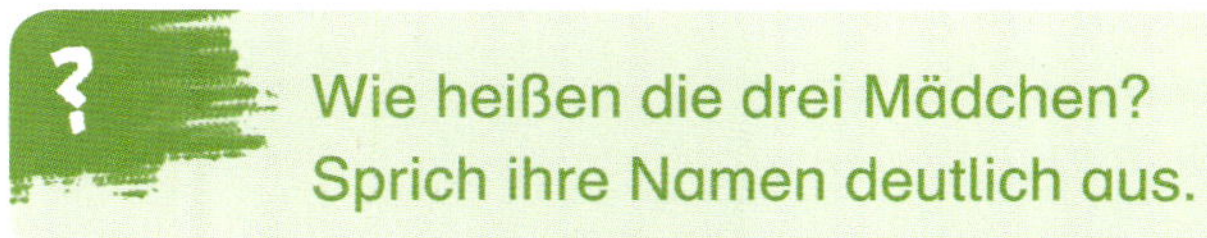

Wie heißen die drei Mädchen?
Sprich ihre Namen deutlich aus.

D, d Doras Pferdeäpfel

Pferdeäpfel, die lecker schmecken? Das gibt es!
Für Doras süße Pferdeäpfel brauchst du:

100 Gramm Datteln (ohne Steine)
30 Gramm Kokosflocken
30 Gramm gehackte Mandeln

1 Die getrockneten Datteln klein hacken.

2 Mit den Kokosraspeln und den Mandeln gut durchmischen.

3 Mit einem Teelöffel 10 bis 15 Häufchen abnehmen

4 Jedes Häufchen mit den Händen fest zu einer Kugel drücken.

5 Danach die Kugeln in Kokosflocken wälzen.

6 In einer Dose kühl aufbewahren.

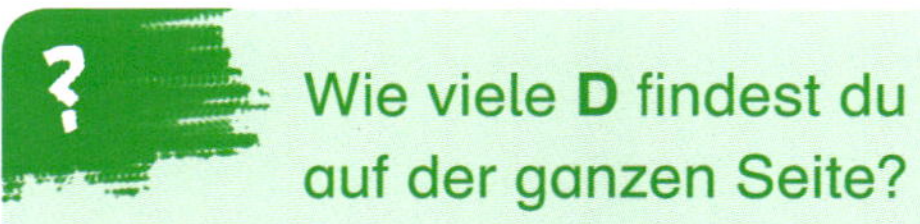
? Wie viele **D** findest du auf der ganzen Seite?

Eselliebe

Elvira, die struppige Eselstute, ist verliebt,
und zwar in Eragon, den schönen Schimmelhengst.
Ob er sie auch mag?
Die beiden könnten sogar Kinder bekommen.
Ein Fohlen von Elvira und Eragon wäre dann
ein Maulesel oder eine Mauleselin.
Wie der kleine Mischling
wohl aussehen würde?

Sprich laut: Bei welchem Wort hörst du am Anfang ein (E)?

F, f Fohlen Finn

Finn wird mitten in der Nacht geboren.
Kaum eine Stunde später steht das Fohlen schon auf den Beinen und trinkt Milch bei seiner Mutter, der Stute Fiona.
Liebevoll leckt die Stute Finns Fell trocken.
Es ist fast schwarz, obwohl Finns Eltern beide Lipizzaner mit heller Fellfarbe sind.
Lipizzaner sind Schimmel.
Ihr Fell ist weiß oder grau.
Das Fell ihrer Fohlen ist zuerst meist dunkel.
Später wird Finn auch ein helles Fell bekommen.

? Welche Farbe hat das Fell von Finn bei der Geburt?
Und welche Farbe hat das Fell von Finns Eltern?

weiß/grau  schwarz  rotbraun 

G, g

Im Galopp

Pferde brauchen viel Bewegung, damit sie glücklich und ausgeglichen sind. Wildpferde in der freien Natur legen große Strecken zurück. Beim Grasen gehen sie gemütlich im Schritt. Auf der Suche nach Weideplätzen und Wasser laufen sie ausdauernd im Trab. Bei Gefahr rennen sie im Galopp davon und überspringen auch schon mal größere Hindernisse.

Welche Gangart ist die schnellste?

H, h

Ein Hufeisen für Hilla

Hufschmied Hubert hält Hillas Hinterhuf in der Hand.
„Ganz ruhig, Hilla“, beruhigt Hubert die Stute,
„du bekommst einen neuen Schuh aus Eisen.“
Aber zuerst muss Hillas Huf noch beschnitten werden,
denn das Horn der Hufe wächst regelmäßig nach.
Dann hämmert Hubert das neue Hufeisen
mit kleinen Nägeln auf Hillas Huf.
Das tut Hilla nicht weh. „Prima, Hilla!“,
lobt Hubert und tätschelt ihr den Hals.
„Menschen tragen Schuhe und Pferde eben Hufeisen!“

Das kleine Hufeisen …

… ist das erste Reiterabzeichen für Kinder und Jugendliche unter 16 Jahren.
Bei der Prüfung kannst du zeigen, dass du etwas vom Reiten verstehst und dich mit Pferden gut auskennst.

I, i

Islandpony Isadora

Isadora ist ein Islandpony und drei Jahre alt.
Sie ist nur 135 Zentimeter hoch, etwas mollig
und hat kräftige Hinterbeine.
Isadoras Fell ist karamellbraun
und ihre Wuschelmähne hellblond.
Erst wenn Isadora etwa fünf Jahre alt ist,
darf man auf ihr reiten.
Islandponys wurden ursprünglich
auf der Insel Island gezüchtet.

? In welchen Wörtern steht am Anfang ein **I**:
Isadora, Island, Zentimeter, Insel?

J, j Jippie, jippie, jee!

Jasper jagt gern auf Jupiter querfeldein – je länger, je lieber.
Jetzt hängt Jasper seine Jacke über den Zaun.
Denn er muss die Box von Jupiter ausmisten.
Stallarbeit findet Jasper total uncool – je kürzer, je besser.
Deshalb singt er leise vor sich hin:
„Jippie, jippie, jee! Jippie, jippie, joo!
Manchmal bin ich traurig, manchmal bin ich froh!"
„Hör endlich mit dem Gejammer auf", schimpft Jana,
„Juli fängt auch schon an zu jaulen!"

Johannisbeeren:
Mmmhh!

? Wer ist Juli?
Und wo hängt Jaspers blaue Jacke?

K, k

Körperteile des Pferdes

Kennst du alle Körperteile der Pferde?
Kruppe nennt man den hinteren Teil des Pferdes zwischen Kreuz und Schweif.
Da, wo Anfänger das Knie vermuten, ist das Sprunggelenk.
Und die Krone sitzt beim Pferd nicht auf dem Kopf, sondern oberhalb des Hufes.

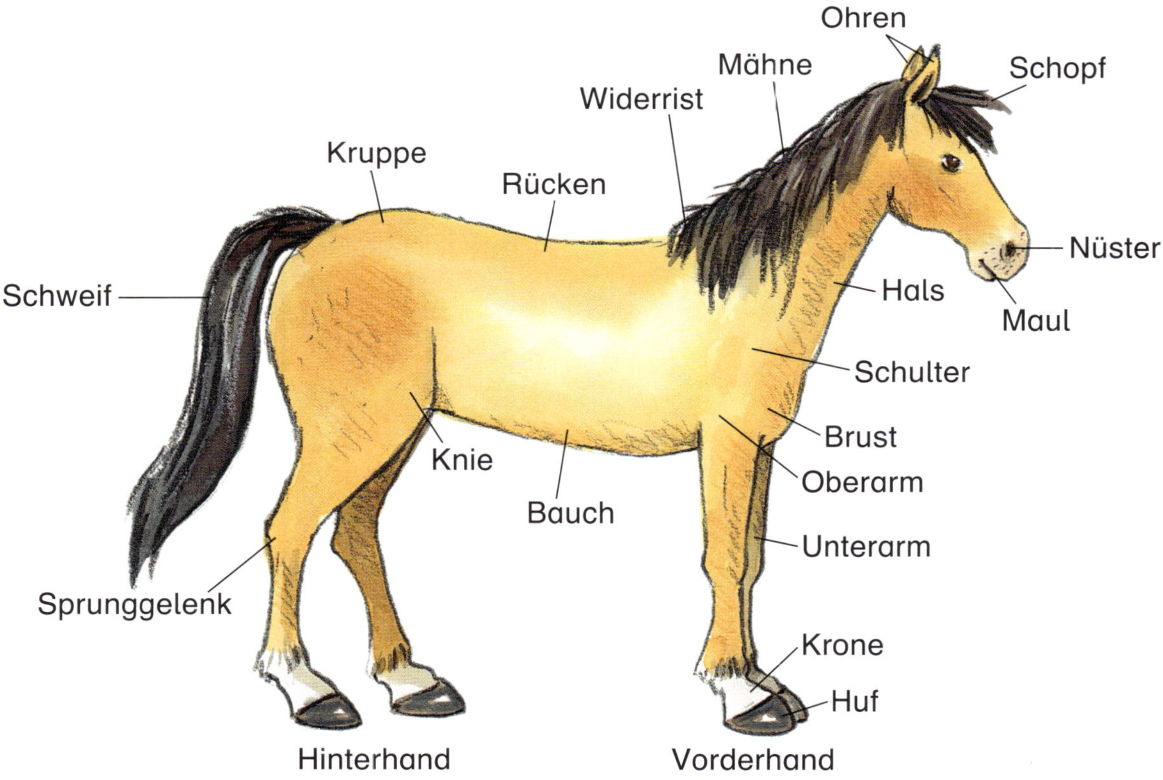

Ohren
Mähne
Schopf
Widerrist
Kruppe
Rücken
Nüster
Schweif
Hals
Maul
Schulter
Brust
Knie
Oberarm
Bauch
Unterarm
Sprunggelenk
Krone
Huf
Hinterhand
Vorderhand

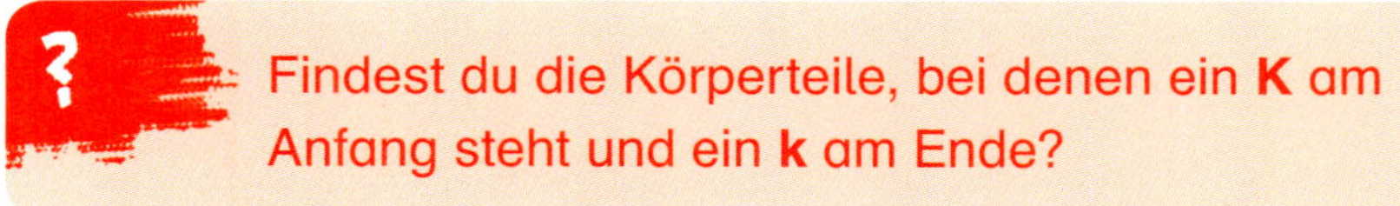

? Findest du die Körperteile, bei denen ein **K** am Anfang steht und ein **k** am Ende?

L, l Mit Lasse an der Longe

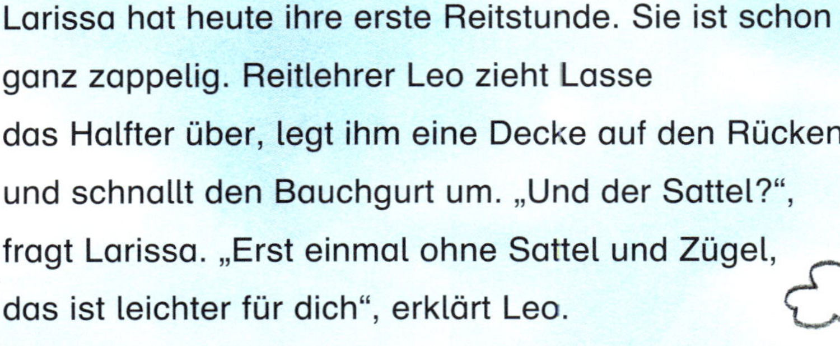

Larissa hat heute ihre erste Reitstunde. Sie ist schon ganz zappelig. Reitlehrer Leo zieht Lasse das Halfter über, legt ihm eine Decke auf den Rücken und schnallt den Bauchgurt um. „Und der Sattel?“, fragt Larissa. „Erst einmal ohne Sattel und Zügel, das ist leichter für dich“, erklärt Leo.
Dann hilft er ihr beim Aufsitzen. „Keine Angst, Lasse ist lammfromm“, sagt Leo und lässt Lasse an der langen Laufleine, der Longe, im Kreis laufen.

?

Kannst du den Bandwurmsatz lesen?
Trenne die Wörter durch Striche.

L A R I S S A S P F E R D L A S S E I S T L A M M F R O M M

So ein Mist!

Mindestens einmal täglich muss
der Pferdestall ausgemistet werden.
Pferdeäpfel und Mist landen
auf dem Misthaufen.
Dann bekommt das Pferd
ein Bett aus frischem Einstreu.

? Wie viele Mäuse entdeckst du im Misthaufen?
Hier sind auch einige Dinge versteckt, deren
Namen mit einem M beginnen.

N, n

Nascherei für Nikolaus

Nikolaus leckt Ninas Handrücken.
„Na, Nikolaus, willst du noch was zum Naschen?“,
neckt ihn Nina und streichelt seinen Nasenrücken.
Nikolaus schnaubt freudig und wiehert.
Nina hält ihm einen Apfel auf der flachen Hand entgegen.
Mit seinen Nüstern schnuppert Nikolaus an dem Leckerbissen.
Dann beginnt er genüsslich daran zu knabbern.
Gibt es auch für Nina etwas zu naschen?

Nüstern

Nüstern nennt man die Nasenlöcher der Pferde.
Damit können die Tiere sehr gut riechen
und auch tasten.
Wenn Pferde beunruhigt oder aufgeregt sind,
heben sie den Kopf und blähen ihre Nüstern auf.
So können sie noch besser wittern.

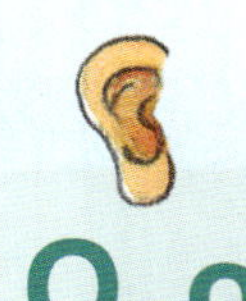

O, o

Othello und Onyx

Odilie und Olaf machen einen Ausritt:
Odilie auf ihrem Apfelschimmel Onyx
und Olaf auf seinem Rappen Othello.
Odilie singt: „Hopp, hopp, hopp, Pferdchen lauf Galopp …"
Olaf singt weiter: „Über Stock und über Steine,
brich dir aber nicht die Beine …"
Plötzlich bäumt sich Othello auf und wirft Olaf ab.
Odilie fragt erschrocken: „Hast du dir wehgetan?"
Olaf stöhnt nur: „Oh, oh!"

!

Was sehen Olaf und Odilie bei ihrem Ausritt?
Setze in jede Lücke ein O. Kannst du die Wörter lesen?

S☐NNE W☐LKE ☐MNIBUS FR☐SCH ☐STEREIER

P, p Pony Paula

 ist nicht so groß wie ein  .

Auf  können  prima reiten.

 ist gerne draußen auf der 

mit anderen  und  .

Zusammen fressen sie  und 

und trinken aus dem  .

 mag auch gerne süße  ,

saftige  und trockenes 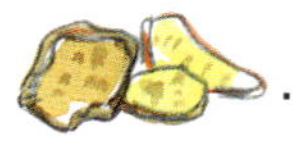 .

Aber  ist wie  für sie.

Nach dem Reiten kommt  in den  .

 bindet  vor der  an.

Sorgfältig kratzt er ihr mit dem alle vier  aus.

Dann wird ihr  geputzt.

Zuerst wird es mit dem  aufgeraut

und dann mit der weichen  gebürstet.

Aber Vorsicht am 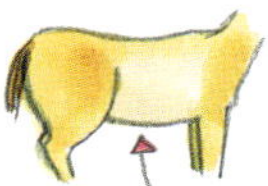 ! Dort ist  sehr kitzelig.

Zum Schluss kämmt  die 

mit dem  und bürstet den .

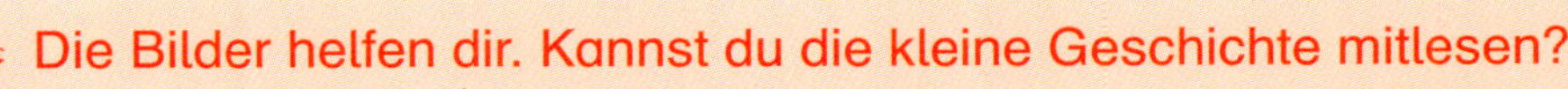

! Die Bilder helfen dir. Kannst du die kleine Geschichte mitlesen?

 Pony Paula

 Pferd

 Kinder

 Weide

 Ponys

 Pferde

 Gras

Blumen

 Trog

 Möhren

 Äpfel

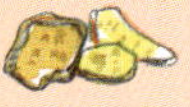 Brot

 Zucker

 Gift

 Stall

 Peter

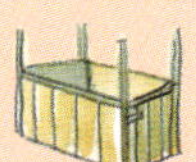 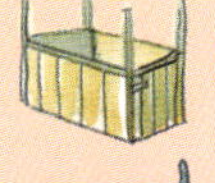 Box

 Hufkratzer

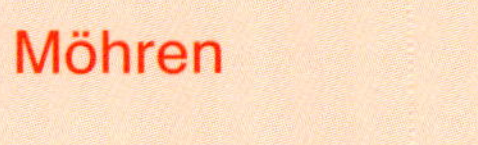 Huf

 Fell

 Striegel

 Bürste

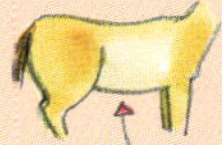 Bauch

Mähne

Mähnenkamm

 Schweif

Q, q Quasimodo

Quasimodo heißt eigentlich Arnold.
Aber niemand ruft ihn so.
Seine Mutter Queeni ist ein Englisches Vollblut.
Sie ist bildschön, hochgewachsen und nervös.
Quasimodo ist eher quadratisch, kurzbeinig, gutmütig.
Alle lieben Quasimodo,
auch wenn er keine Schönheit ist.
Er ist immer gut gelaunt, stark und ausdauernd.

Schau dir die Pferde ganz genau an.
Wer könnte der Vater von Quasimodo sein?

R, r

Ferien auf dem Reiterhof

„Reiterhof! Reiterhof! Ich fahre auf den Reiterhof!“,
jubelt Rosa und hüpft durch die Wohnung.
Sofort holt sie ihren Rucksack hervor.
„Was soll ich einpacken?“, fragt sie ratlos.
„Jeans und Pullover reichen,
Reitkappe und Stiefel bekommst du dort“, meint Mama.
„Alles klar“, lacht Rosa, „das werden Traumferien!“

Acht Dinge im Bild fangen mit R an. Findest du sie?
Rätselheft, Ranzen, Rose, Rosinenbrötchen, Radio, Ravioli, Rüschenrock, Ring

S, s Im Stall

? Entdeckst du das Hufeisen? Wer hat sich in die Schubkarre geschmuggelt?

Sch, sch
Sandra mistet die Box von Saladin aus.
Das schmutzige Stroh schaufelt sie
in eine Schubkarre.
Serafina striegelt Sissis Fell, bis es glänzt.
Bauer Süder bringt frisches Stroh.
Sascha schnappt sich einen Sattel,
denn er will auf Susemiel ausreiten.
Da ruft Oma Süder: „Die Suppe ist fertig!“
Ich striegele
Sissi noch
fertig!

T, t Tierärztin Tina

Jeden zweiten Freitag kommt Tierärztin Tina
auf den Reiterhof und schaut nach den Pferden.
Zuerst hört sie Titan mit ihrem Stethoskop ab,
er hat ein wenig Husten.
„Tut mir leid, Titan, da wirst du etwas Bitteres
schlucken müssen“, sagt Tina.
Mit einer großen Spritze spritzt sie ihm
das Medikament direkt ins Maul.
„Was ein Pferd einmal geschluckt hat,
kann es nicht mehr ausspucken“, erklärt die Tierärztin.
Dann schaut sie nach den anderen Pferden.
Trussardi und Tinta werden gegen Tetanus geimpft.
Tutsi bekommt eine Salbe gegen Augenentzündung.

U, u

Uschi und ihr Pferd Ulysses werden
von einem Regenguss überrascht.
Urplötzlich gießt es unglaublich heftig.
Uschi ist pitschnass bis auf die Unterhose.
Trotzdem fühlt sie sich pudelwohl.
Nur Ulysses findet den Regenguss unangenehm.
Er träumt von einem großen Regenschirm.

Im Buchstabengitter haben sich sechs Wörter mit **U** versteckt. Findest du sie?

V, v

Voltigieren: Turnen auf dem Pferd

Valentino ist ein Voltigierpferd.
Er hat gute Nerven und ist besonders ausgebildet.
Beim Voltigieren trägt er einen Gurt mit Haltegriffen
und Fußschlaufen. Eins, zwei und hopp –
schon springt Verena auf.
Zuerst kniet sie auf Valentinos breitem Rücken.
Dann streckt sie ein Bein nach hinten
und einen Arm nach vorne.
Viola, Valerian und Vasili klatschen begeistert.
Valentino trabt brav weiter im Kreis.

? Welche Wörter fangen mit einem **V** an:
Valentino, Nerven, Verena, Zirkus, Viola?

Auf der Weide

W, w

Wilma grast auf der Weide,
da, wo die Gräser am würzigsten sind.
Plötzlich fliegt ihr ein Schwall Dreck ins Gesicht.
Wilma wiehert erschrocken auf und klimpert
mit den Wimpern. Wer war denn das?
Es war Willi, der Maulwurf. Er hat sich aus dem Boden
gewühlt und ist genauso erschrocken wie Wilma.
Schwuppdiwupp – vergräbt sich Willi schnell wieder
und wühlt weiter nach Würmern.

?

Wer erschreckt wen?
Und wonach wühlt Willi weiter?

X, x

Fix und Foxi

Fix und Foxi sind zwei Rappen.
Ihr Fell ist schwarz wie die Nacht.
Nur auf der Stirn haben sie
ein weißes Abzeichen.
Bei Fix sieht es aus wie ein X
und bei Foxi wie ein O.

FAXI

FIX

FOXI

Und ich?
Krieg ich nix?

GEMÜSE-MIX

OBST-MIX

? Wo im Wort entdeckst du das **x**?

Nixe

Axt

Hexe

Saxofon

Boxer

Pferde-Rallye

Bei der Pferde-Rallye
kannst du mit Yven und Yael
Buchstaben sammeln.

? Fünf Buchstaben aus dem Alphabet fehlen im Bild. Welches Wort kannst du daraus bilden?

Z, z Die kleine Ziege

Die kleine Ziege ist im Pferdestall zu Hause.
Zwischen den zwölf Pferden fühlt sie sich wohl.
Alle rufen die kleine Ziege Zwockel.
Den Namen hat sie von Frau Zumba.
Als Frau Zumba sie zum ersten Mal erblickte,
rief sie: „Was ist denn das für ein Zwockel?"
Frau Zumba wollte eigentlich sagen:
„Was ist denn das für ein Zwerg?"
Der kleinen Ziege ist das ziemlich egal.
Manchmal zwickt sie Frau Zumba in die große Zehe.

Das Pferde-Abc im Rückwärtsgang

Mit Pferden geht das fix.

Im Galopp, juchhe!

Wirf mich nicht ab, o weh!

Jetzt geht's ganz schnell.

Wie wunderbar!

Karotten und Klee.

Schon sind wir da!

Lösungen

A: Anna, Aladin, Araber, Arm, Angsthase

C: Conny, Cleo, Cosima

D: 13 x D

E: Esel

F: Bei der Geburt ist Finns Fellfarbe schwarz.
Finns Eltern haben ein helles (weiß/grau) Fell.

G: Galopp

I: Isadora, Island, Insel

J:

K: Kruppe, Krone, Knie, Sprunggelenk

L: LARISSAS PFERD LASSE
IST LAMMFROMM.

M: Es sind zehn Mäuse.

Mütze, Mandarinenmarmelade, Mond, Milchkanne

O: SONNE, WOLKE, OMNIBUS, FROSCH, OSTEREIER

Q: QUATRO

R:

S:

U: UDO, UFO, UHR, UHU, TURM, UM

V: Valentino, Verena, Viola

W: Wilma erschreckt Willi, und Willi erschreckt Wilma. Willi wühlt weiter nach Würmern.

X: Nixe, Axt, Hexe, Saxofon, Boxer

Y: Die übrig bleibenden Buchstaben ergeben das Wort PFERD.

Abc-Geschichten Prinzessinnen

Prinzessinnen-Abc

A, a

Alles Prinzen und Prinzessinnen!

Am Anfang war Prinzessin Amidala
mit Mama und Papa ganz alleine.
Doch dann bekam sie nach und nach
acht Brüder und Schwestern –
alles Prinzen und Prinzessinnen:
Anton, Albertine, Aragon, Annabella,
Alf, Astranzia, Anastasia und Alischa.
„Allesamt ganz allerliebste Babys“,
sagt Amidala.

ALLERLIEBST!

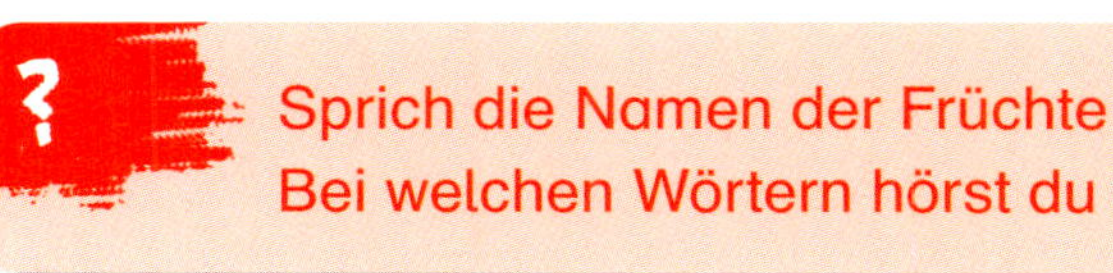

? Sprich die Namen der Früchte laut.
Bei welchen Wörtern hörst du am Anfang ein (A)?

B, b

Babette und Babsi backen

Prinzessin Babette und Prinzessin Babsi
backen einen superschnellen Becherkuchen.

Einen Sahne mit vier verquirlen.

Zwei Mehl mit einem halben Backpulver
und einem Zucker unterrühren.

Backblech mit Backpapier auslegen.

Teig aufs gießen,
bei 200 Grad 10 Minuten backen.

Inzwischen 125 Gramm Butter schmelzen.

Einen Zucker und einen halben Milch einrühren.

Das aus dem Backofen holen
und die Butter-Milch-Mischung darübergießen.

Eine Mandelblättchen daraufstreuen
und 10 Minuten weiterbacken.

Cabrio und Currywurst

Chauffeur Charlie kutschiert Prinzessin Cecilie
im Cabrio zum City-Imbiss.
Charlie bestellt für Cecilie:
„Currywurst mit Ketchup und zwei Cola!"
Cecilie kleckert Ketchup
auf ihr schickes Cape aus China:
„Nächstes Mal nehme ich lieber
Chickenwings mit Chips!"

! Das **C** kann unterschiedlich klingen. Sprich die Namen der Dinge laut.

D, d Der Drache in der Dose

Diener Detlef bringt eine Dose:
„Ein Geschenk von Prinz Dragomir."
„Danke, Detlef!", sagt Prinzessin Dora.
Die Dose ist ganz warm und duftet angenehm.
Dora öffnet vorsichtig den Dosendeckel.
Drinnen sitzt ein winziger Drache.
„Donnerwetter!", haucht Dora ganz undamenhaft.
„Dora", fragt der Drache leise,
„willst du mit mir davondüsen?"

Elsebee

Der kleinen Elfe Elsebee tut der große Fußzeh weh.
Doch das Einhorn Fesinee hat eine famose Idee.
Fesinee fliegt mit Elsebee
zum weit entfernten Schneesee.
Dort taucht die kleine Elfe
den wehen Zeh in den eiskalten See.
Ojemine, jetzt schmerzt der Zeh noch mehr!
Da pustet Fesinee seinen warmen Atem
auf den wehen Zeh der kleinen Elsebee.
„Schmerz passee, juchhee!", jauchzt die kleine Fee.
Erleichtert fliegen beide zurück ins Elfenreich Jubilee
und trinken süßen Sommerblütentee.

?

Aus den Buchstabenblumen kannst du Wörter zaubern.
Magst du eine Buchstabenblume mit deinem Namen malen?

F, f Fußballprinzessin

Feline flitzt flink übers Fußballfeld.
Furchtlos kämpft sie um jeden Ball.
Und fällt sie mal durch ein Foul aufs Feld,
so steht sie flugs wieder auf.
Feline flitzt dem Ball hinterher
und befördert ihn ins Fußballtor.
Für ihre Fans ist Feline
eine fabelhafte Fußballprinzessin.

! Lass dir den Satz des kleinen Maulwurfs mehrmals vorlesen. Kannst du ihn nachsprechen?

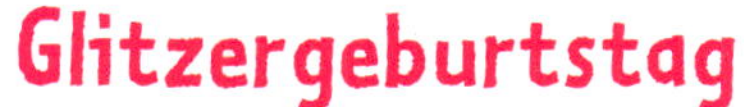

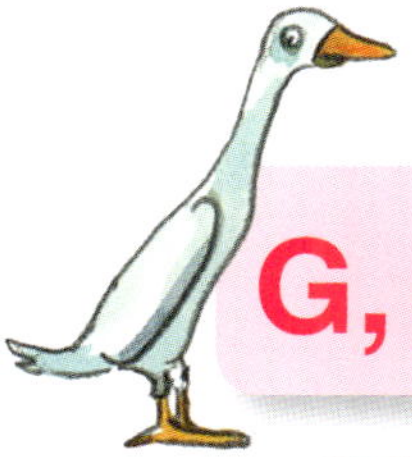

G, g

Glitzergeburtstag

Gouvernante Gertrude und Gärtner Gustav
haben den großen Spiegelsaal geschmückt,
Girlanden aufgehängt und Kerzen angezündet.
Jetzt glitzert und spiegelt alles um die Wette.
Da kommen die Gäste mit den Geschenken.
Gemeinsam singen sie:
„Allerliebste Gloria Victoria Antonia,
wie schön, dass du geboren bist,
wir hätten dich sonst sehr vermisst!“

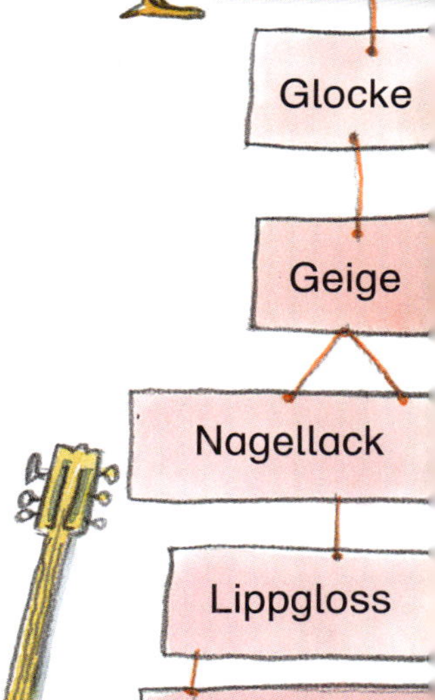

Glocke
Geige
Nagellack
Lippgloss

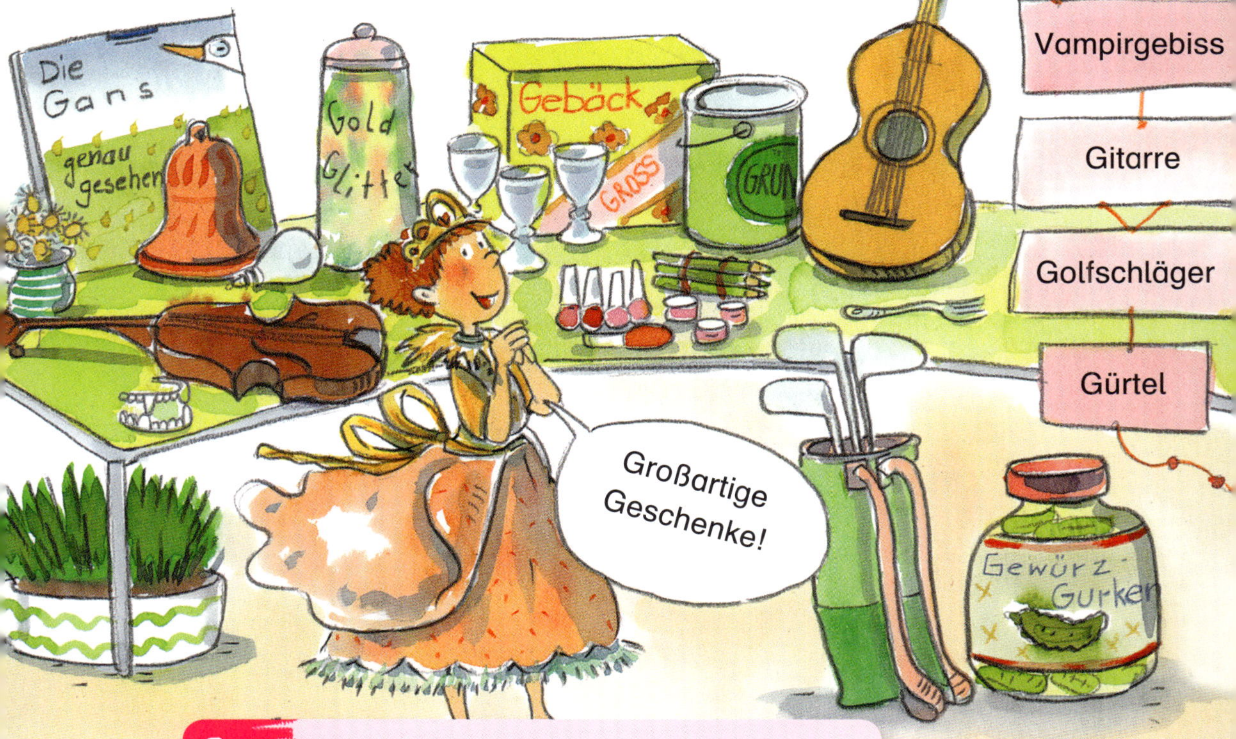

Vampirgebiss
Gitarre
Golfschläger
Gürtel
Die Gans
genau gesehen
Gold Glitter
Gebäck
GROSS
GRÜN
Großartige Geschenke!
Gewürz-Gurken

? Gibt es ein Geschenk, in dem der Buchstabe **G** oder **g** nicht vorkommt?

H, h

Hannah und die Herzen

Hannah liebt Herzen.
Auch in ihre Schulhefte malt sie Herzen.
Ihre Lehrerin sagt manchmal:
„Hannah, du bist ein echtes Herzchen!“
Heute hat Hanna eine herzige Idee.
Sie bastelt Girlanden: Herz an Herz.
Dazu schneidet sie Krepppapier in Streifen
und faltet jeden Streifen wie eine Ziehharmonika.
Obendrauf malt sie ein Herz und schneidet es aus.

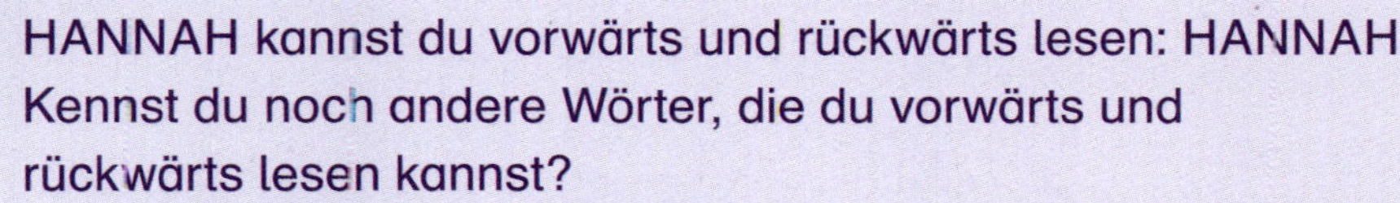

? HANNAH kannst du vorwärts und rückwärts lesen: HANNAH.
Kennst du noch andere Wörter, die du vorwärts und
rückwärts lesen kannst?

Ilse Bilse

Ilse Bilse,
niemand willse …

… kommt der Koch,
will sie doch.

… kommt der Lasse:
„Du bist klasse!“

… kommt der Knut:
„Dich find ich gut!“

… kommt der Anatol:
„Du bist supertoll!“

Ilse Bilse, jeder willse!

J, j Judo mit Jungs

Prinzessin Julia mag keine Jäckchen und Röckchen,
keine Krönchen und auch keine Juwelen.
Julia trägt lieber Lederjacke und Turnschuhe.
Und sie übt gerne Judo mit den Jungs.
Julia beherrscht jeden Dreh- und Hebelgriff.
Und so wirft sie Jan, Julius und Jakob
jederzeit auf die Matte.
„Nicht schon wieder“, jammern da die Jungs.

Jemine!

Oje!

Jedenfalls jeden einmal im Januar geschafft.

Jaul,

Jammer!

Jammer!

Königliches Kofferpacken

K, k

König Kasimir geht mit seinen Kindern
Konstanze und Konrad auf Reisen.
Kammerzofe Klara packt die Kleider in die Koffer.
„Kann ich mein Klavier mitnehmen?“, fragt Konstanze.
„Kann ich meine Kaninchen mitnehmen?“, fragt Konrad.
Der König kratzt sich am Kinn und denkt nach:
„Die Kaninchen können mit in die Kutsche,
wenn ihr genügend Karotten einpackt.
Aber das Klavier bleibt hier!“

? Wie viele Kaninchen entdeckst du auf dem Bild?

L, l Luftballons und Lollis

Was sieht Ludmilla durchs Schlüsselloch? Die kleinen Bilder helfen dir. Sprich laut: In welchen Wörtern hörst du das (L) am Anfang?

Um Mitternacht

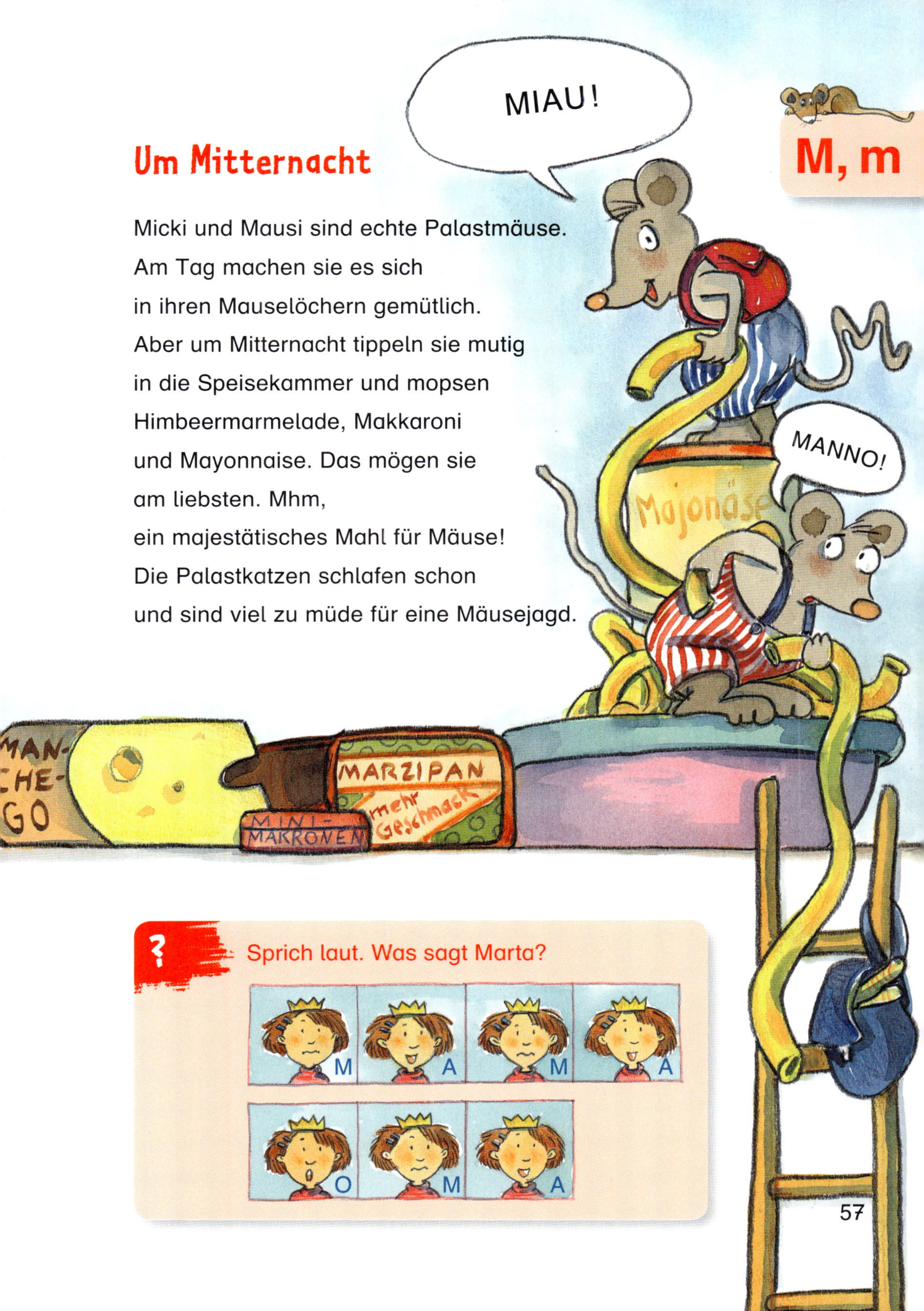

Micki und Mausi sind echte Palastmäuse.
Am Tag machen sie es sich
in ihren Mauselöchern gemütlich.
Aber um Mitternacht tippeln sie mutig
in die Speisekammer und mopsen
Himbeermarmelade, Makkaroni
und Mayonnaise. Das mögen sie
am liebsten. Mhm,
ein majestätisches Mahl für Mäuse!
Die Palastkatzen schlafen schon
und sind viel zu müde für eine Mäusejagd.

? Sprich laut. Was sagt Marta?

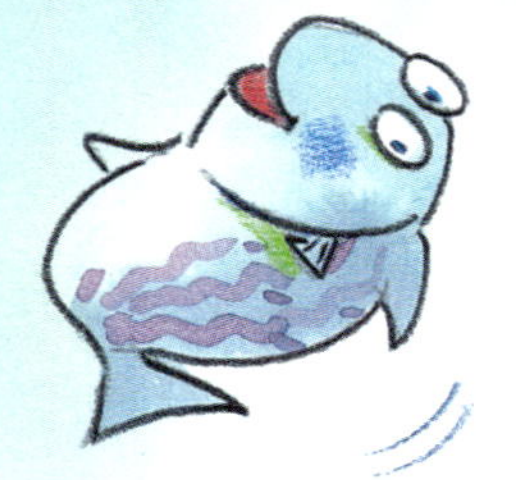

N, n

Nixe Ninifee

Manchmal neckt die kleine Nixe Ninifee
den alten Wassermann Neptun.
Sie streut Niespulver neben seinen Muschelthron.
„Lasch dasch, dasch mag isch nischt!“,
nuschelt Neptun.
Dann muss er neunmal niesen.
Das gibt ein gewaltiges Seebeben.
Muscheln und Sand wirbeln durchs Wasser,
und sogar die Neonfische hören auf zu leuchten.

? Wo ist die Kokosnuss versteckt?
Siehst du ein **n** im Wort Kokosnuss?

Nee, nee, Ninifee!
Das war wohl nix!

Omas Mops

Omas Mops kotzt auf Opas Sofa.
„Oh“, haucht Oma Olga und fällt in Ohnmacht.
Opa Otto packt den Mops am Ohr:
„Du oller Mops,
fort mit dir aus dem Salon!
Du kommst jetzt auf den Balkon!“

P, p

Priscillas Palast

Priscilla ist eine piekfeine Prinzessin.
Sie lebt in einem prächtigen Palast mit ihren Eltern
und ihrem pummeligen Bruder, Prinz Poppi.
„Sogar unsere Pagen tragen pinkfarbene Pantoffeln“,
lispelt Priscilla. „Puh“, stöhnt Prinz Poppi.
„Unsere Porzellanpuppe prahlt wieder!“
Ohne ihren Bruder wäre Priscillas Leben perfekt.
Zum Glück hat sie ihre plüschigen Katzen
Pinky, Petsy und Plissy
sowie die beiden Ponys Pablo und Pedro.
Nur der Palastmops Pogo ist nicht so perfekt.
Ein echter Pupser, genau wie ihr pickliger Bruder!

? Sprich laut. Wo hörst du das P, p: vorne, in der Mitte, hinten?

Der purpurne
Protzpudding,
Prinzessin Priscilla!
Pinkypetsyplissy

Q, q Quasselstrippen

Quadriga und Queenie quasseln gern.
Quietschvergnügt sitzen sie
auf dicken Kissen mit Quasten dran
und quasseln ohne Ende.
Sogar mit Quarkmasken im Gesicht
machen sie noch jede Menge Quatsch.

Rosarot

In Rosalias Reich ist alles rosarot.
Das findet Rosalia richtig romantisch.
Natürlich ist auch Rosalias Schulranzen rosarot kariert.
Und die Krallen ihres Katers Karlo hat sie rosa lackiert.
Unter ihrem Kleid trägt sie fünf Unterröcke
mit Rüschen verziert, weil das so schön raschelt.
Sogar ihre Ravioli verspeist Rosalia
nur mit rosaroter Rosinensoße.

S, s Spieglein, Spieglein

„Spieglein, Spieglein hier im Saal,
wer ist die Schönste
bei der Prinzessinnenwahl?“
Da spricht der silberne Spiegel sanft:
„Ihr, Prinzessin Soraya,
seid die Schönste hier im Saal.
Aber die Sissi hinter den sieben Bergen,
bei den sieben Zwergen,
die ist tausendmal schöner als Ihr.“

? Wie oft kommt das Wort Sissi auf dieser Seite vor?

Sonderprogramm
am
Samstag
Sonnenbaden
Singen und säuseln
Sandkuchen backen
Sauna
Schmuckstücke basteln
Sonnenhüte - Show
Seid dabei!
Du Scheusal!
Schön strahlen!
Ein Stück Schoko?
Schaurige Strümpfe!
Simone
Soraya
Samantha
Silver
Sandy

T, t Im Tanzpalast

Die Prinzessinnen tanzen am liebsten Ballett,
die Prinzen tanzen gerne Hip-Hop,
manche tanzen Walzer, andere tanzen Foxtrott.
Doch Tante Thea tanzt am liebsten Tango.
Tadeo aus Argentinien klatscht begeistert:
„Andante, liebe Tante, du tanzt fulminante!“
„Was meint er damit?“, fragt Tante Thea.
Onkel Thomas erklärt:
„Tadeo findet, du tanzt wunderbar!“
Da errötet Tante Thea und fragt:
„Willst du mit mir tanzen, Tadeo?“

? Was trägt Tante Thea? Vergleiche.

U, u

Uschis Umzug

Prinzessin Uschi hat den Überblick verloren.
In ihrem Zimmer stapeln sich Umzugskartons.
Alles ist durcheinander, unordentlich und unbequem.
„Unter diesen Umständen packe ich nicht.
Das ist unmöglich, absoluter Unsinn!"
Zu allem Übel ist ihr Pudel Undine verschwunden.
Sitzt der unvernünftige Hund vielleicht in einem
Umzugskarton?

? Setze in jedem Wort ein U ein.
Findest du die Gegenstände im Bild? Und wo ist Undine?

☐FO ☐NTERHOSE ☐HR ☐NTERHEMD

V, v Vergissmeinnicht

Violetta hat viele Verehrer.
Aber verliebt ist sie nur in Victor.
Er hat so schöne veilchenblaue Augen.
Und vorgestern hat er ihr im Vorbeigehen
ein Sträußchen Vergissmeinnicht geschenkt.

? Was tragen Violetta und Viktor auf dem Kopf?

Die Wundertüte

W, w

Onkel Willi schenkt Wanda eine Wundertüte.
„Was ist darin?“, will Wanda wissen.
„Weiß nicht“, sagt Onkel Willi,
„vielleicht ein kleines Wunder?“

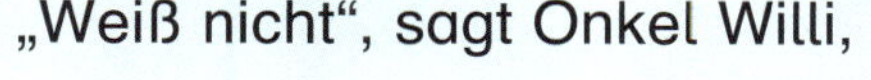

Wandas Wappen

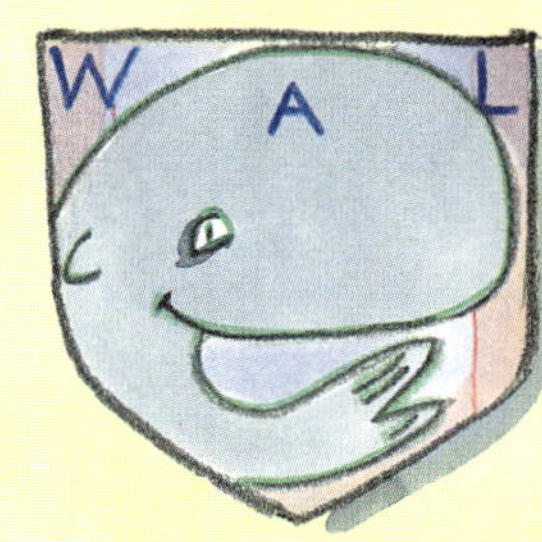

Entdeckst du in den Tiernamen das W?
In welchem Namen steht es am Anfang?

X, x Das Elixier

Krax, krex, krox, krix,
das hilft doch nix!

Das Elixier für die Schönheit
von Dr. Xaver Boroxil:
Strahlend schön in null Komma nix
mit einem Kräuter-Knoblauch-Mix!

„Was ist ein E – li – xier?", will Trixi wissen.
Maxi schlägt im Lexikon nach:
„Ein Elixier ist ein Zaubertrank!"
Xandra ist begeistert:
„Super, das bestellen wir ganz fix!"

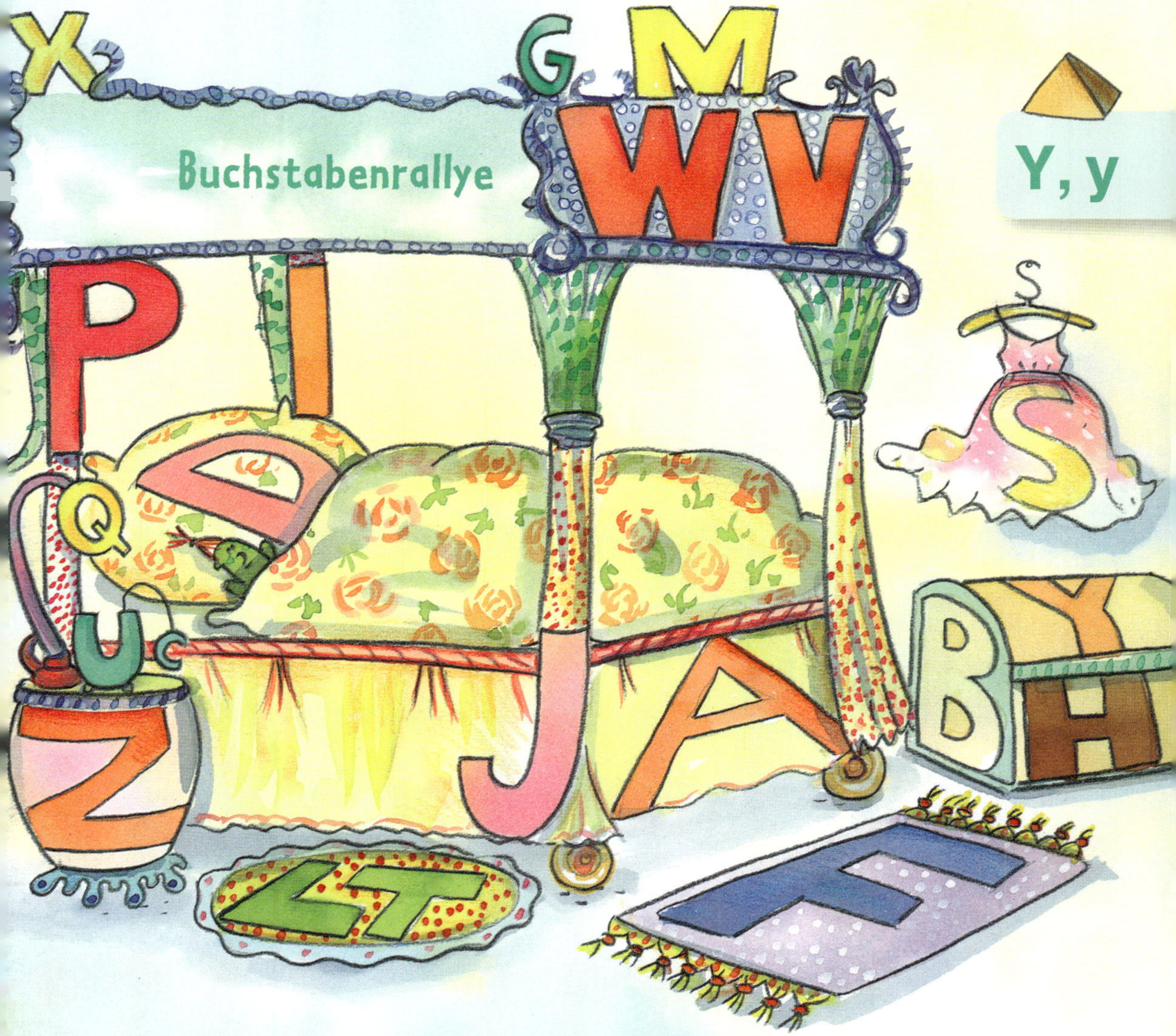

Buchstabenrallye

Y, y

Prinzessin Ysabell hat ihre Freundinnen zu einer Buchstabenrallye eingeladen. Hilf ihnen beim Buchstabensuchen.

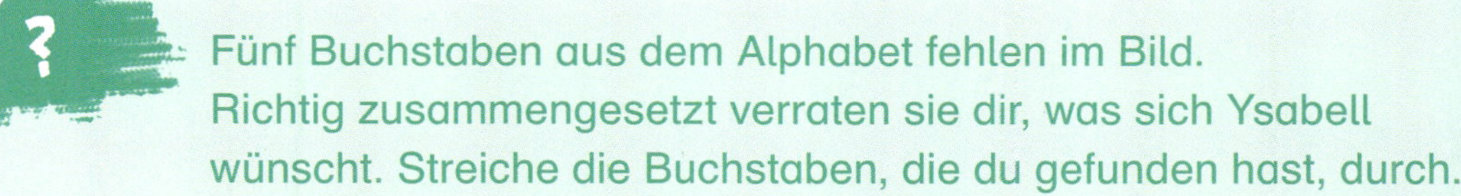

Fünf Buchstaben aus dem Alphabet fehlen im Bild. Richtig zusammengesetzt verraten sie dir, was sich Ysabell wünscht. Streiche die Buchstaben, die du gefunden hast, durch.

Z, z Zauberhaft und zickig

Zara ist zierlich, zart und einfach zauberhaft.
Ihr Gesicht ist herzförmig und wunderschön.
Aber sie ist auch ein bisschen zickig.
Unentwegt will sie Zöpfchen flechten.
Das mögen ihre zwölf zotteligen Katzen gar nicht.
Da sind sie ziemlich zimperlich.

Das Prinzessinnen-Abc im Rückwärtsgang

Für Prinzessinnen geht das fix.

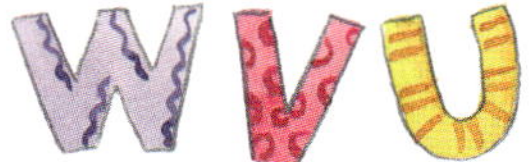

Hör gut zu.

Gar nicht so schwer.

Das geht so.

Ist schon klar.

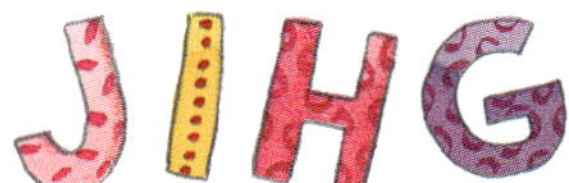

Tut nicht weh.

Auch ohne Fee …

… bist du schon da!

Lösungen

A: Apfel, Ananas, Aprikose

E: ELFE, TEE, FEE

G: Alle Geschenke enthalten den Buchstaben G oder g: Gras im Topf, grün, gestreifte Vase, Gänseblümchen, Geige, Vampirgebiss, Glocke, Glühbirne, Gansbild, Goldglitter, Gläser, Gebäck, Nagellack, Lippgloss, grüne Stifte, grüne Farbe, Gitarre, Gabel, Golfschläger, Gewürzgurken

H: Zum Beispiel: ANNA, OTTO, UHU

K:

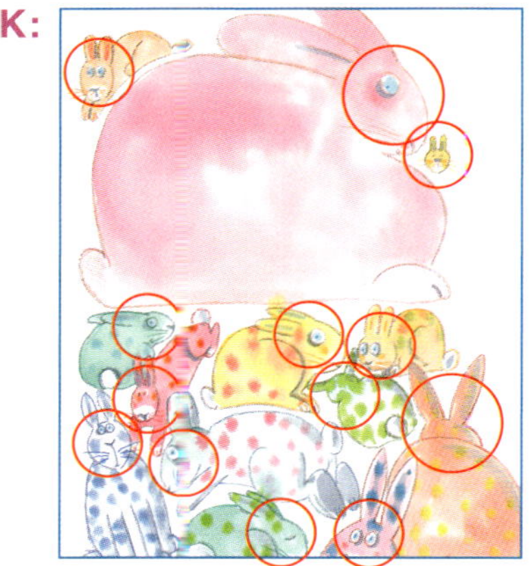

Es sind 13 Kaninchen.

L: Luftballon, Lolli (Lutscher), Leuchter (Lampe), Lippenstift, Lexikon, Lilie, Limo, Löwe, Leiter

M: MAMA, OMA

N:

Kokosnuss

P: Pokal, Pralinen, Pullover, Puzzleteil, Puppe, Papagei

S: Das Wort Sissi kommt sechsmal vor.

T: Turnschuhe, Tulpe, Tasche

U: UFO, UNTERHOSE, UHR, UNTERHEMD

V: Violetta und Victor tragen ein „V“ auf dem Kopf.

W: LÖWE, SCHWEIN, WAL

Y: Ysabell wünscht sich eine KRONE.

Leseprofi von Duden –

Mit Bildern lesen lernen

Der erste Schultag
ISBN 978-3-7373-3314-6

Der geheimnisvolle Zauberhut
ISBN 978-3-7373-3420-4

Ein Tag bei der Feuerwehr
ISBN 978-3-7373-3325-2

Ein Tag bei der Polizei
ISBN 978-3-7373-3386-3

Zwei Dinos wollen nach Hause
ISBN 978-3-7373-3392-4

Ein Ausflug zum Reiterhof
ISBN 978-3-7373-3315-3

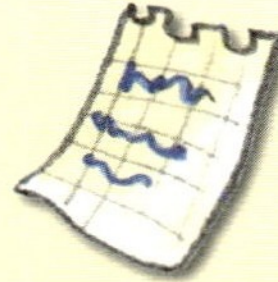

von Anfang an richtig

Mit Rätseln zum Leseverständnis

Die geheimnisvolle Nachtwanderung
ISBN 978-3-7373-3479-2

Ferien auf der Blaubeerinsel
ISBN 978-3-7373-3472-3

Eine Mumie geht zur Schule
ISBN 978-3-7373-3447-1

Die verrückte Reise ins All
ISBN 978-3-7373-3413-6

Schuldetektive auf heißer Spur
ISBN 978-3-7373-3443-3

Mini ganz groß
ISBN 978-3-7373-3477-8

Alle Duden Leseprofis finden Sie unter
www.fischerverlage.de